Lesotho

Sioned V. Hughes

caa
PRIFYSGOL ABERYSTWYTH

Cyhoeddwyd gan y Ganolfan Astudiaethau Addysg, Aberystwyth
(www.caa.aber.ac.uk)

Noddwyd gan Lywodraeth Cynulliad Cymru.

Cyhoeddwyd dan nawdd Cynllun Adnoddau Addysgu a Dysgu CBAC.

ISBN: 978-1-84521-400-5

Golygwyd gan Delyth Ifan
Dyluniwyd gan Richard Huw Pritchard
Argraffwyd gan Argraffwyr Cambria

Diolch i'r canlynol am ganiatâd i atgynhyrchu delweddau:

Joyce Howells
Ceri Lewis
Anne Loughran
Topfoto (tt. 4, 8)

Gwnaethpwyd pob ymdrech i olrhain a chydnabod deiliaid hawlfraint. Bydd y cyhoeddwyr yn falch i wneud trefniadau addas gydag unrhyw ddeiliaid na lwyddwyd i gysylltu â nhw.

Diolch hefyd i Sasha Butler, Emma Dermody a Caroline Thonger am eu harweiniad gwerthfawr.

Cynnwys

Ble mae Lesotho?

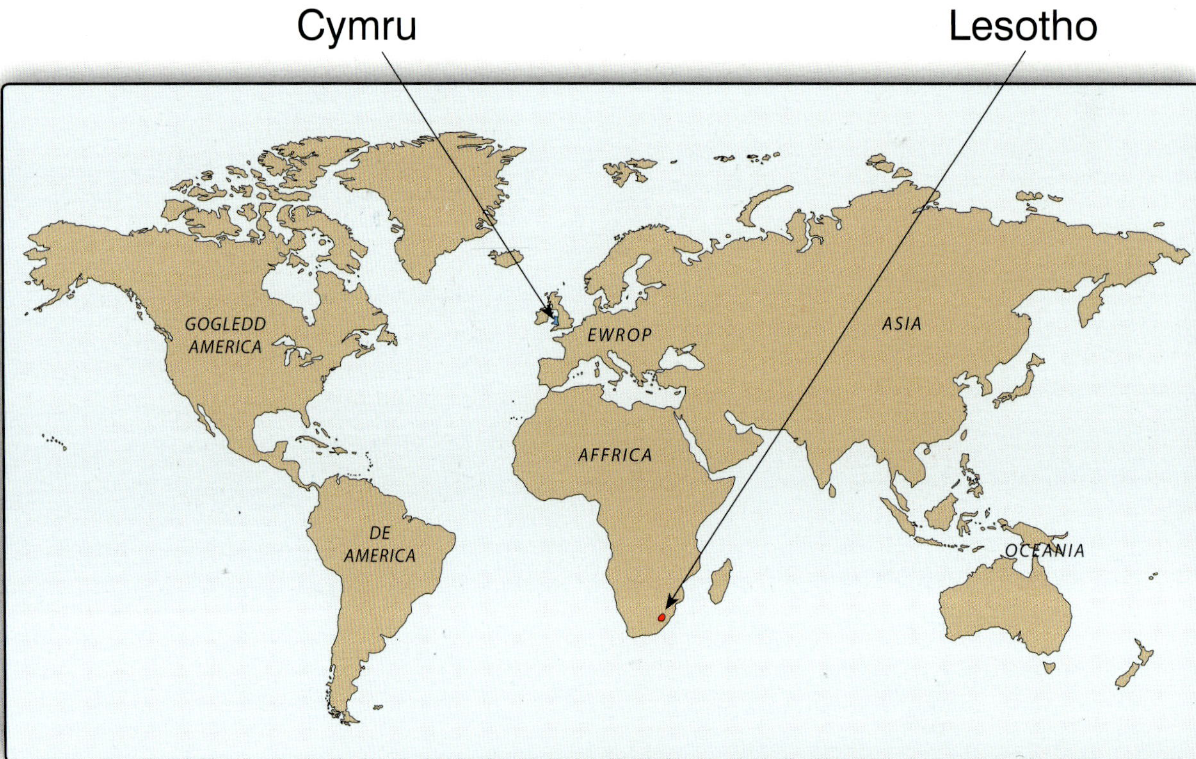

Gwlad ydy Lesotho.
Mae Lesotho yn Affrica.

Does dim môr o gwmpas Lesotho, dim ond tir.

Mae Lesotho yng nghanol De Affrica.

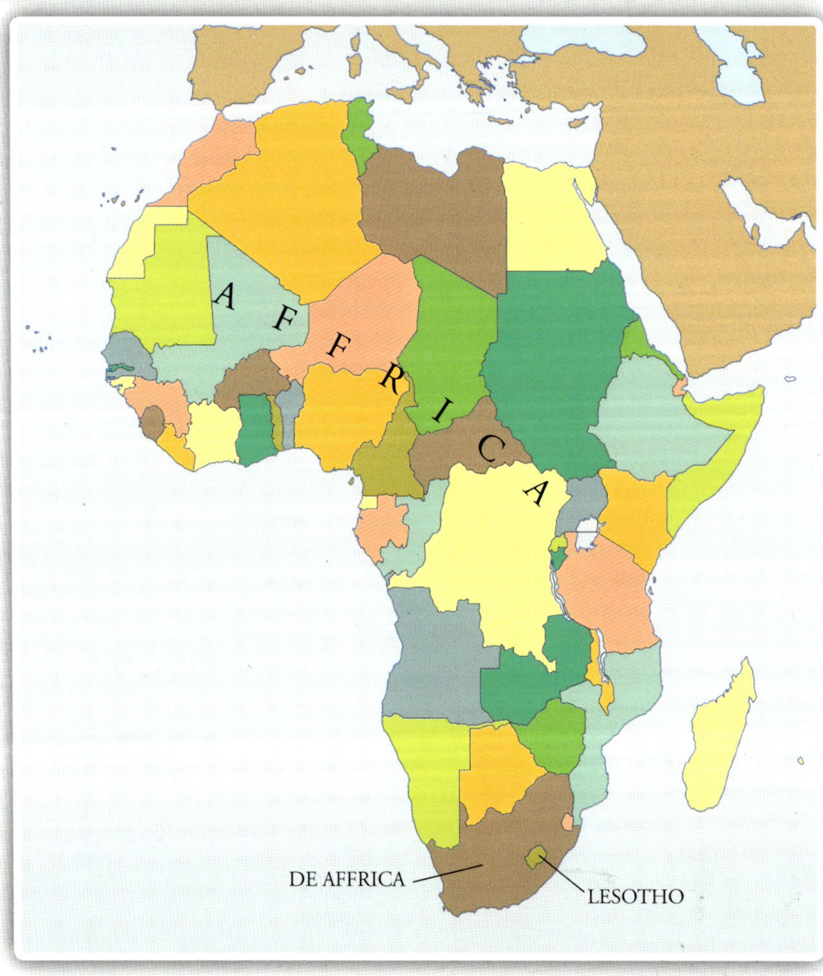

Gwlad fach ydy Lesotho, ond mae'n fwy na Chymru.
Mae Lesotho yr un maint â Gwlad Belg.

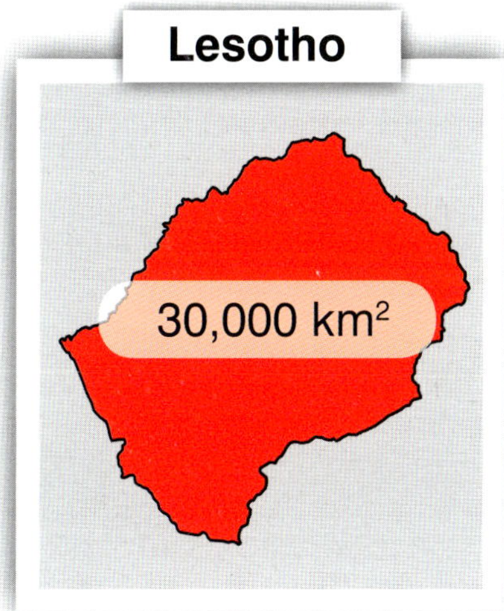

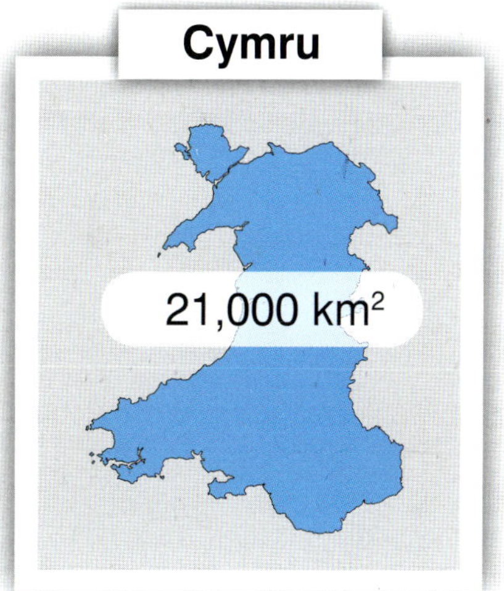

Mae 2.3 miliwn o bobl yn byw yn Lesotho.
Mae 3 miliwn o bobl yn byw yng Nghymru.

Baner newydd Lesotho

Pam glas, gwyn a gwyrdd?

glas glaw

gwyn heddwch

gwyrdd Lesotho yn gwella

Mae'r het yn dangos pobl Lesotho.

Teithio i Lesotho

Mewn awyren

Mae pobl yn hedfan mewn awyren fawr i Johannesburg yn Affrica.
Maen nhw wedyn yn hedfan mewn awyren fach i Maseru yn Lesotho.

maes awyr Johannesburg

maes awyr Maseru

Weithiau, mae pobl yn teithio ar y bws o Dde Affrica i Lesotho.

Teithio yn Lesotho

Mae ffordd tarmac o Maseru i Semonkong.

Does dim tarmac ar bob ffordd, dim ond pridd coch, caled.

Mae angen car 4 x 4 olwyn i deithio yn y mynyddoedd.

Mae llawer o bobl Lesotho yn teithio ar geffylau ac asynnod.

Maen nhw'n cerdded llawer hefyd.

Sut le ydy Lesotho?

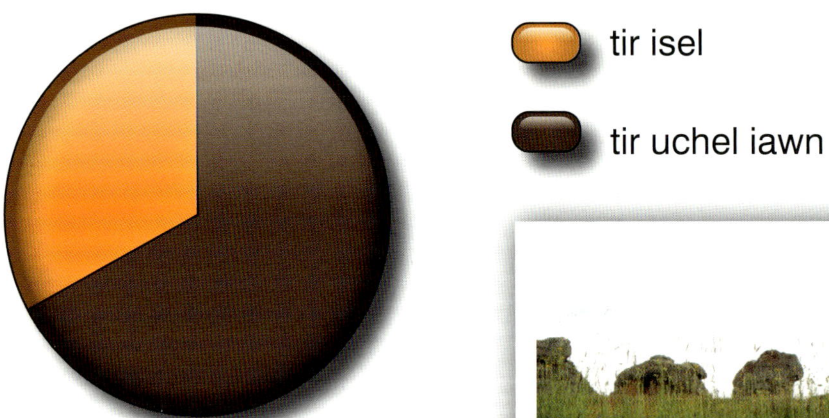

Mae'r tir uchel yn y dwyrain a'r de.

Mae'r tir isel yn y gogledd a'r gorllewin.

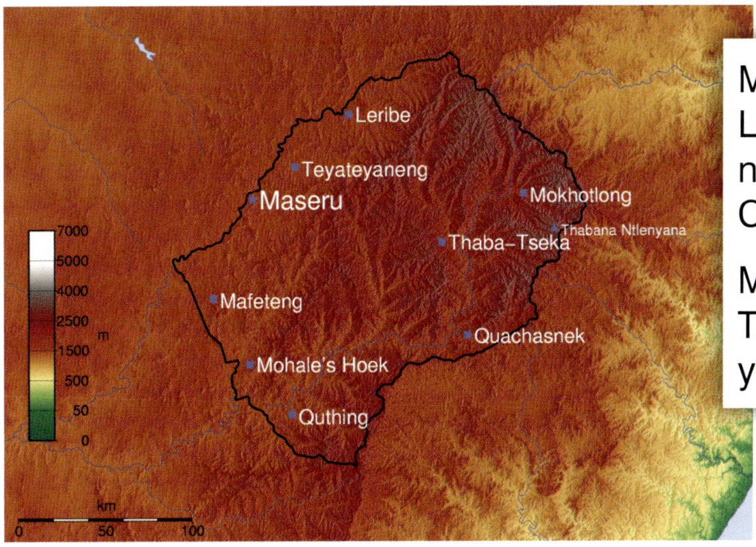

Mae mynydd uchaf Lesotho yn uwch na mynydd uchaf Cymru.

Mae mynydd Thabana-Ntlenyana yn 3482m.

Yr Wyddfa (1085m)

Mae'r rhan fwyaf o dir Lesotho yn uwch na 1000m.

Maseru

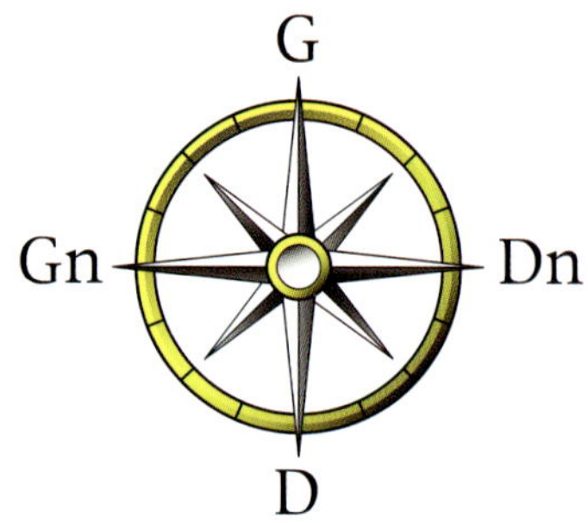

Maseru ydy prifddinas Lesotho.
Mae Maseru yn y gogledd (gogledd-orllewin).

Qacha's Nek

Tref ydy Qacha's Nek.
Mae Qacha's Nek yn y dwyrain.

Morija

Pentref mawr ydy Morija.
Mae'r pentref yn y gorllewin (de-orllewin)

Tywydd Lesotho

Mae'r tywydd yn boeth iawn yn Lesotho yn yr haf.

Mae'r tywydd yn oer iawn yn Lesotho yn y gaeaf.

Mae llawer o eira yn y gaeaf.

Tymor	Misoedd
Gwanwyn	Awst – Hydref
Haf	Tachwedd – Ionawr
Hydref	Chwefror – Ebrill
Gaeaf	Mai – Gorffennaf

Mae'n sych ac yn oer yn Lesotho yn y gaeaf.

Mae'n wlyb ac yn boeth yn Lesotho yn yr haf.

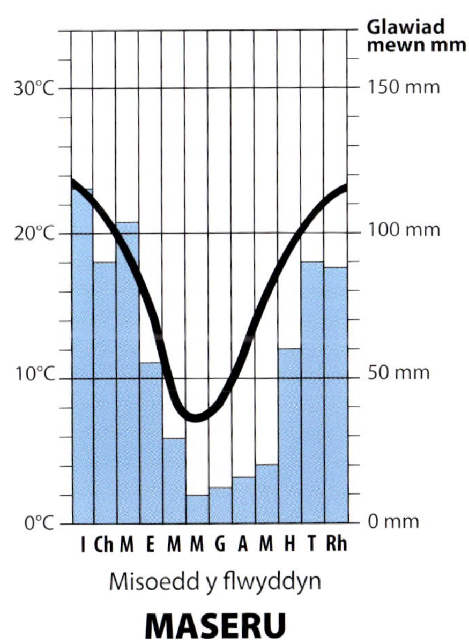

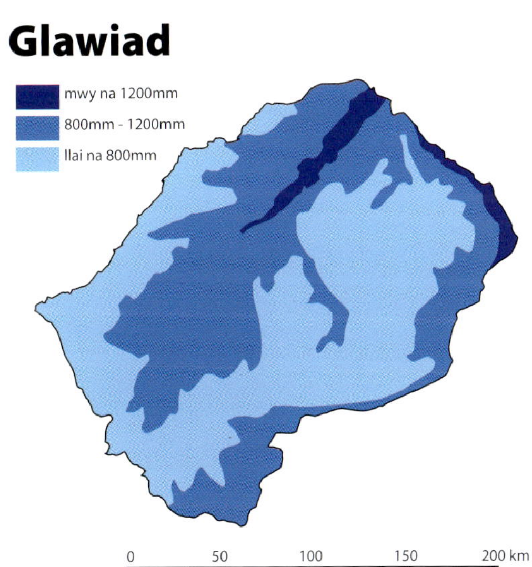

Maseru (Lesotho)

Ionawr		Gorffennaf	
Tymheredd	30˚C	Tymheredd	9˚C
Glaw	27 mm	Glaw	12 mm

Caerdydd (Cymru)

Ionawr		Gorffennaf	
Tymheredd	7˚C	Tymheredd	17˚C
Glaw	120 mm	Glaw	40 mm

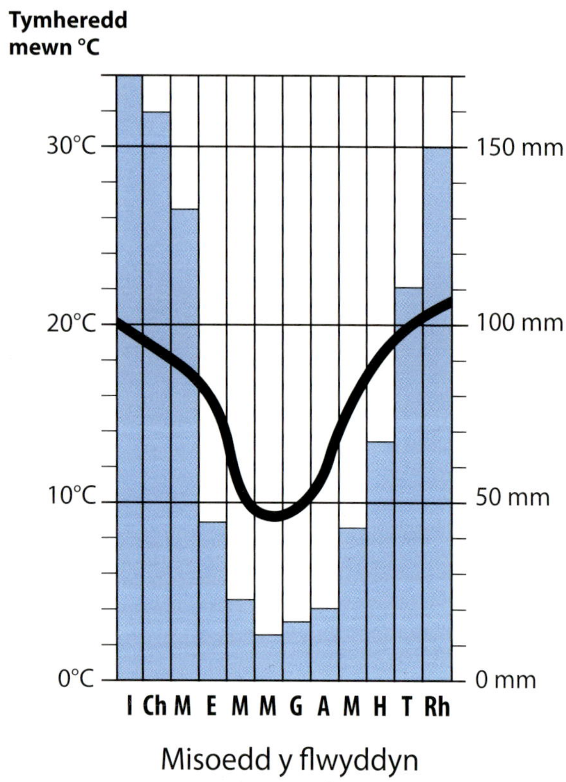

QACHA'S NEK

Tirwedd

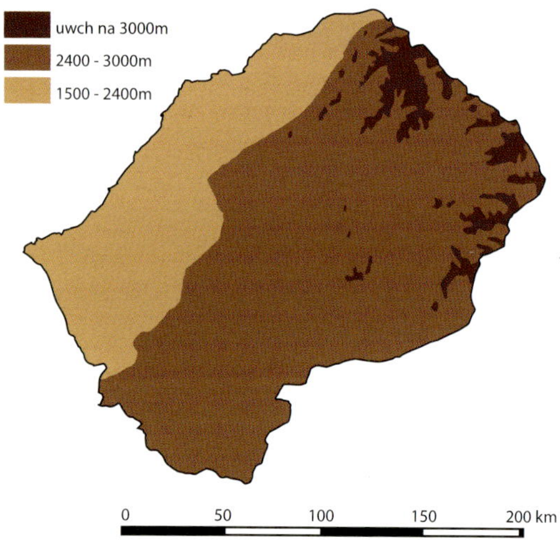

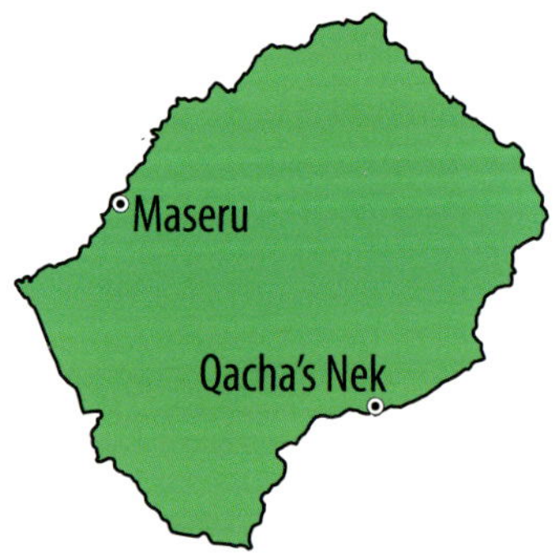

Mae hi'n bwrw glaw mwy yn Qacha's Nek na Maseru.

Pam?

Mae Qacha's Nek yn y dwyrain. Mae'r tir yn uchel iawn yno.

Mae Maseru yn y gorllewin. Mae'r tir yn isel iawn yno.

Cartrefi Lesotho

Mae rhai pobl Lesotho yn byw mewn tŷ crwn. Mae rhai pobl yn byw mewn tŷ sgwâr.

Rondhabole ydy'r enw ar y tŷ crwn.

Yn y pentref mae'r tai yma.

Heisi ydy'r enw ar y tŷ sgwâr.

Yn y dref mae'r tai yma.

Does dim trydan na dŵr yn y tŷ.
Does dim tŷ bach yn y tŷ.
Does dim llawer o ddodrefn yn y tŷ.

Maen nhw'n mynd i nôl dŵr o'r ffynnon neu'r tap yn y pentref.

Ysgol yn Lesotho

Mae pob plentyn yn mynd i'r ysgol gynradd yn Lesotho.

Dydy pob plentyn ddim yn mynd i'r ysgol uwchradd yn Lesotho.

Mae ysgolion Lesotho yn llawn iawn.
Mae llawer iawn o blant mewn un dosbarth. Weithiau, mae tua 100 o blant mewn un dosbarth!

Mae'r plant yn cael gwersi:

- Saesneg
- Sesotho
- gwyddoniaeth
- mathemateg
- astudiaethau cymdeithasol
- astudiaethau crefyddol
- gwnïo
- coginio
- celf
- garddio

Mae'r plant yma yn dysgu mathemateg.

Amser chwarae yn yr ysgol

Weithiau, mae pobl o Gymru yn mynd i helpu athrawon yn Lesotho.

Aeth Joyce Howells, athrawes yn Ysgol Gyfun Penweddig, Aberystwyth i helpu athrawon yn Lesotho.

Gwaith yn Lesotho

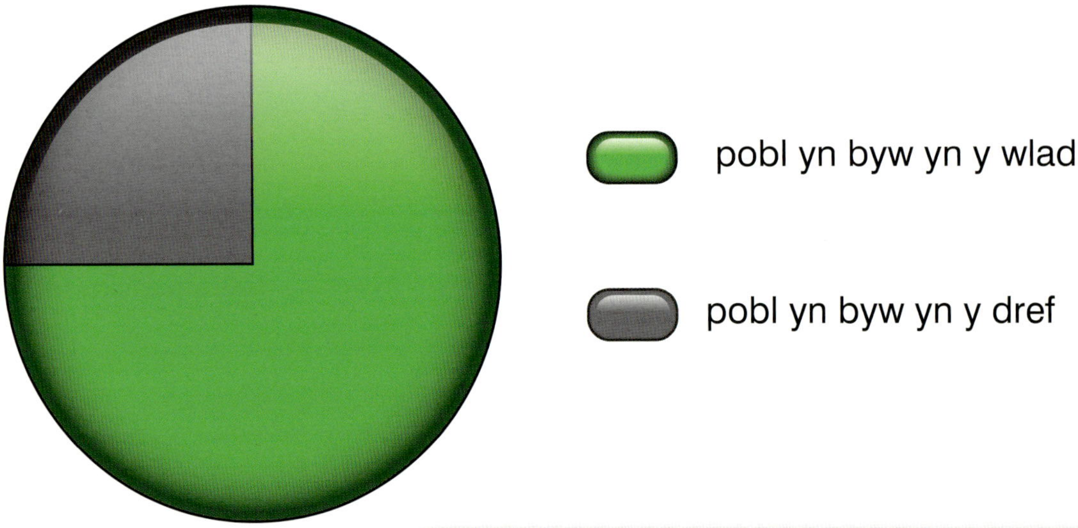

Mae llawer iawn o bobl Lesotho yn ffermio.

Mae'r menywod yn gweithio'n galed yn Lesotho.
Maen nhw'n gweithio'n galed yn y caeau.
Maen nhw hefyd yn gofalu am y plant a'r tŷ.

Mae'r bechgyn ifanc yn gofalu am yr anifeiliaid.

Weithiau, maen nhw'n aros yn y mynyddoedd am fisoedd gyda'r anifeiliaid.

Mae'r dynion yn gweithio mewn pyllau diemwnt yn Ne Affrica.

pwll diemwnt

Dillad Lesotho

Mae pobl Lesotho yn gwisgo dillad arbennig.

Maen nhw'n gwisgo blancedi lliwgar.
Mae'r blancedi yn gynnes iawn yn y tywydd oer.

Mae'r bechgyn yn gwisgo blancedi pan maen nhw'n gofalu am yr anifeiliaid yn y mynyddoedd.

Mae pobl Lesotho yn gwisgo dillad modern hefyd.

Cymru a Lesotho

Yr enw ar bobl Lesotho ydy Basothos.

Mae pobl Lesotho yn siarad dwy iaith, sef Sesotho a Saesneg.

Dolen Cymru

Mae Cymru yn ffrindiau gyda Lesotho.
Mae pobl o Lesotho yn dod i Gymru ac mae pobl o Gymru yn mynd i Lesotho.

Mae'r plant yma yn dysgu am Gymru!

Lesotho yn gwella

Mae glaw yn bwysig iawn yn Lesotho.

Pam?

Maen nhw'n gwerthu dŵr i Dde Affrica.

Maen nhw'n cael arian am y dŵr.

Maen nhw'n gwario'r arian i wella Lesotho.

Sut?

Maen nhw'n adeiladu tai newydd ac yn gwella'r ffyrdd.
Mae trydan a dŵr mewn mwy o dai.

Maen nhw hefyd yn adeiladu ysgolion newydd.

Gwyliau yn Lesotho